AF542692

Juin 1635.

EDICT DV ROY;

PORTANT CREATION

d'vn Procureur de ſa Majeſté & d'vn Greffier en chacune Ville & Communauté du reſſort de la Chambre des Comptes de Paris, aux meſmes fonctions & tout ainſi que ceux dudit Paris, auec les exemptions y attribuées.

Verifié en Parlement, Chambre des Comptes & Cour des Aydes, le 20. Decembre 1635.

Auec deux Arreſts du Conſeil pour l'execution & explication dudit Edict.

A PARIS,
Par A. Estiene, P. Mettayer, C. Prevot, & P. Rocolet, Impr. ordinaires du Roy, ruë S. Iacques, au College Royal.

M. DC. XXXVII.

Auec Priuilege de ſa Majeſté.

(8)

LOVIS par la grace de Dieu, Roy de France & de Nauarre, A tous presens & à venir, Salut. Les grandes dépenses que Nous auons faites depuis quelques années, pour l'entretenement de nos armées mises sur pied pour la conseruation de cét Estat: Ayans espuisé la plus grande partie de nos Finances, & Nous trouuans obligez de faire de nouuelles leuées de gens de guerre, & de continuer le payement, solde & entretenement de ceux qui sont sur pied, pour opposer à nos ennemis, afin de leur empescher l'entrée du Royaume : Nous sommes contraints de recourir aux moyens extraordinaires qui Nous ont esté proposez. Entre lesquels, celuy de la creation d'vn Greffier hereditaire, & d'vn nostre Conseiller Procureur en chaque Ville & Communauté du ressort de nos Parlement & Chambre des Comptes de Paris; a esté trouué le plus vtile & necessaire pour empescher la dissipation des deniers communs, d'octroy & patrimoniaux desdites Villes & Communautez, & arrester le cours des abus qui se commettent en l'administration des affaires desdites Communautez, qui procedent du changement des Magiſtrats, Eſcheuins, Syndics, & autres perſonnes prepoſées par leſdites Communautez, qui ne demeurans en exercice qu'vn an, ou deux, ſe trouuent hors de charge lors qu'ils commencent à prendre connoiſſance des affaires publiques : Et ceux qui exercent par Commiſſion leſdits Offices de Greffiers, n'eſtans chargez des Papiers & Regiſtres deſdites Villes & Communautez, les diuertiſſent & ſuppriment le plus ſouuent, ſoit pour ſe rendre neceſſaires, ou pour en tirer du profit, au grād prejudice de nos Subjets. Ce qu'ayant eſté mis en deliberation, en noſtre Conſeil, où eſtoient aucuns Princes & Officiers de noſtre Couronne, & autres grands & notables Perſonnages : De l'Advis d'iceluy, & de noſtre certaine ſcience, pleine puiſſance & authorité Royale : Novs auons par noſtre preſent Edict, perpetuel & irreuocable, creé & erigé, creons & erigeons en tiltre d'Offices formez, Vn noſtre Procureur & vn Greffier en chacune Ville & Communauté du reſſort de nos Parlement & Chambre des Comptes de Paris, aux meſmes fonctions qu'à ceux de l'Hoſtel de noſtre bonne Ville de Paris : Auec attribution auſdits Greffiers, de pareils droicts que ceux qui exerçoient leſdites

Charges par Commission, exemption de Tailles, tutelles, curatelles, & autres charges publiques. Pour par lesdits Greffiers, que Nous auons faits hereditaires, rediger par escrit, tant aux Assemblées generales que particulieres desdites Villes & Communautez, les Deliberations & Iugemens qui auront este resolus pour la Police & Iustice ciuile & criminelle (és lieux où elle appartient) esdites Villes & Communautez, Assister à la reddition des comptes des deniers communs, patrimoniaux, & d'octroy, & garder les minutes d'iceux, receuoir les Baux à ferme, tous prix faits & encheres sur les affaires desdites Villes, cautionnemens, mandemens, quittances & autres actes & expeditions dependans des leuées desdits deniers: Comme aussi, assister auec les Asseeurs & Collecteurs, pour escrire les taxes qui seront faites pour les Tailles, suiuant le 47. article de l'Edict fait sur le Reglement desdites Tailles: Et generalement receuoir tous les actes concernans lesdites Villes & Communautez, qui demeureront dans les Archiues anciennes d'icelles, dont ils auront vne clef, & en expedieront des extraicts deuëment collationnez & signez d'eux, à ceux qui les en requerront, & qui y auront interest, en leur payant pareil salaire que celuy que prennent les autres Greffiers des Iurisdictions ordinaires. A tous lesquels Offices de nos Procureurs & Greffiers desdites Villes & Communautez, Nous auons attribué & attribuons, cinquante mil deux cens liures de gages, dont le fonds sera fait & laissé par chacun an, à commencer du premier Ianuier dernier, és Estats des Finances des Generalitez de Paris, Chaalons, Amiens, Soissons, Moulins, Orleans, Bourges, Tours, Poictiers, Rion, Lyon, Limoges, Bourdeaux & Montauban, du ressort de nos Parlement & Chambre des Comptes de Paris, à raison de trois mil cinq cens liures pour chacune desdites Generalitez estans au ressort de ladite Chambre des Comptes de Paris, & de douze cens liures, pour ce qui est au ressort dudit Parlement de Paris, en l'estenduë de la Generalité de Bourgogne, suiuant les Rolles qui en seront arrestez en nostre Conseil. Et où il n'y auroit fonds presentement ou à l'aduenir, seront lesdits gages employez dans les Estats des Gabelles de chacune desdites Generalitez qui s'expedient annuellement. Pour ausdits Offices estre dés à present par Nous pourueu, & cy-apres, quand vacation escherra de ceux de nos Procureurs desdites Villes & Communautez, soit par mort, resignation, forfaiture, ou autrement, mesmes ausdits Greffiers hereditaires à toutes mutations. Et pour fauorablement traitter ceux qui en seront pourueus, Nous voulons que nosdits Procureurs desdites Villes & Communautez, jouissent de la dispense des quarante iours, ainsi que nos autres Officiers, sans payer aucune chose pendant le temps qui reste à expirer de neuf années restantes à expirer de la continüation dudit annuel, sans qu'arriuant leur decez pendant ledit temps, lesdits Offices puissent estre declarez vacans, ains soient conseruez à leurs vefues & heritiers pour en disposer: Et que lesdits Greffiers iouissent en heredité de leurs Offices, sans qu'ils puissent estre sujets à reuente ny remboursement sur les premiers acquereurs & leurs premiers resignataires, pour quelque cause & occasion que ce soit.

Si donnons en mandement à nos amez & feaux Conseillers, les Gens tenans nostre Cour de Parlement, Chambre de nos Comptes & Cour des Aydes à Paris, Presidens, Tresoriers Generaux de France audit lieu, Baillifs, Seneschaux & autres nos Iuges & Officiers qu'il appartiendra, Que ces presentes ils fassent lire, publier & registrer, & le contenu en icelles, garder & obseruer sans souffrir, ny permettre qu'il y soit contreuenu en aucune maniere, faisant joüir les pourueus desdits Offices pleinement & paisiblement, nonobstant quelconques Edicts, Statuts, Reglemens, Priuileges, Ordonnances, stil, & reserues à ce contraires, ausquelles & à la dérogatoire des dérogatoires y contenuës, Nous auons dérogé & dérogeons par cesdites presentes, nonobstant aussi toutes oppositions ou appellations quelconques, pour lesquelles & sans prejudice d'icelles, ne voulons estre differé, & desquelles si aucunes interuiennent, Nous nous en sommes reserué & reseruons la connoissance en nostredit Conseil, & l'interdisons à tous autres Iuges : CAR tel est nostre plaisir. Et afin que ce soit chose ferme & stable à tousiours, Nous y auons fait mettre nostre Seel, sauf en autres choses nostre droict, & l'autruy en toutes. DONNÉ à Chasteau-Thierry au mois de Iuin, l'an de grace 1635. Et de nostre regne le 26. Signé, LOVIS : Et plus bas, Par le Roy, DE LOMENIE, à costé, Visa ; & seellées du grand Seau de cire verte, sur lacs de soye rouge & verte. Et encore est escrit.

Leu, publié & registré, Oüy, ce requerant & consentant le Procureur General, & que copies collationnées à l'original d'iceluy, seront enuoyées aux

aux Bailliages & Seneschaussées de ce ressort, pour y estre pareillement leuës, publiées & registrées, & executées selon leur forme & teneur; à la charge que les deniers en prouenans, seront employez au payement des gens de guerre, à peine du quatruple contre les Ordonnateurs & parties prenantes. A Paris en Parlement, le Roy y seant, le 20. iour de Decembre 1635. Signé, DV TILLET.

Leu, publié & registré en la Chambre des Comptes, Oüy le Procureur General du Roy, par Monsieur le Duc d'Orleans Frere vnique de sa Maiesté, venu exprés en ladite Chambre, assisté du Sieur Mareschal d'Estrée, & des Sieurs Aubery & Colmoulins, Conseillers de sadite Maiesté en ses Conseils, le vingtiesme iour de Decembre mil six cens trente-cinq. Signé, GOBELIN.

Leu, publié & registré par le commandement du Roy, porté par Monsieur Frere vnique de sa Maiesté, Duc d'Orleans, assisté du Sieur d'Estrée, Mareschal de France, & des Sieurs Aubery & Colmoulins, Conseillers en ses Conseils d'estat & Priué, Oüy & ce requerant son Procureur General. A Paris en la Cour des Aydes, les Chambres assemblées, le vingtiesme iour de Decembre mil six cent trente-cinq. Signé, BOVCHER.

Extraict des Registres du Conseil d'Estat.

LE Roy ayant par ses Edicts du mois de Iuin 1635. creé vn Office de Greffier & d'vn Procureur du Roy, des Villes & Communautez du ressort de ses Parlement & Chambre des Comptes de Paris: des Offices de Receueurs, Controlleurs Generaux & Particuliers des Ports, Portes, Marchez, Entrées & Yssuës dudit Païs: Et voulant en attendant qu'il soit pourueu ausdits Offices, que les Porteurs des quittances de Finances d'iceux, les noms en blanc, y puissent commettre, & qu'eux ou ceux qu'ils commettront, en fassent la fonction, & en iouïssent aux gages, droits, exemptions & priuileges y attribuez: SA MAIESTE' en son Conseil, a ordonné & ordonne, Que les Porteurs des quittances de Finance desd. Offices, les pourrôt exercer, on commettre telles personnes que bon leur semblera, pour en faire la fonction, & iouïr des gages, droicts, taxations, exemptions & priuileges y attribuez. FAISANT sa Majesté tres-expresses inhibitions & defenses à ceux ayans cy-deuant exercé lesdites charges par commission, nomination ou autrement, de s'immisser cy-apres en l'exercice d'icelles, écrire aucuns actes & expeditions concernans lesdites Villes & Communautez, à peine de faux, trois mil liures d'amende, despens, dommages & interests. ENIOINT en outre sa Majesté à tous ses Baillifs, Senechaux, leurs Lieutenans, Maires, Escheuins, Iurats, Capitouls, & Magistrats, & autres ses Officiers de tenir la main à l'execution du present Arrest, sur les mesmes peines. Et en cas de contrauention, seront les contreuenans assignez audit Conseil en vertu dudit Arrest; lequel sera executé nonobstant oppositions ou appellations faites ou à faire, desquelles si aucunes interuiennent, sa Majesté s'est reserué & à son Conseil, la connoissance, & icelle interdite à toutes ses Cours & autres Iuges. FAICT au Conseil d'Estat du Roy, tenu à Paris le 20. iour de Mars 1636. Signé, BORDIER.

LOVIS par la grace de Dieu Roy de France & de Nauarre; A tous Baillifs, Senechaux, leurs Lieutenans, Maires, Escheuins, Iurats, Capitouls & Magistrats, & autres Officiers qu'il appartiendra, Salut. Par l'Arrest dont l'extraict est cy attaché sous le contre seel de nostre Chancellerie, ce iourd'huy donné en nostre Conseil d'Estat, Nous auons ordonné que les

Porteurs des quittances de Finance des Offices de Greffiers, & nos Procureurs des Villes & Communautez du ressort des Parlement, Chambre des Comptes de Paris, Receueurs, Controlleurs Generaux & Particuliers des ports, portes, marchez, entrées & yssuës dudit ressort, les pourront exercer ou commettre telles personnes que bon leur semblera, pour en faire la fonction, & iouïr des gages, droicts, taxations, exemptions & priuileges y attribuez, sans que ceux qui ont cy-deuant exercé lesdites Charges par commission, nomination, ou autrement, puissent s'immisser cy apres en l'exercice desdits Offices, escrire aucuns actes & expeditions concernant lesdites Villes & Communautez, & ce que Nous leur defendons tres-expressement, sur les peines y declarées. A CETTE CAUSE, Nous vous mandons, ordonnons & tres expressément enjoignons, sur les mesmes peines, de tenir la main à l'execution de nostredit Arrest, lequel Nous commandons au premier nostre Huissier ou Sergent sur ce requis, de signifier à tous qu'il appartiendra, à ce qu'ils n'en pretendent cause d'ignorance; Assigner en nostredit Conseil, les contreuenans à iceluy, & faire toutes defenses & autres actes & exploicts necessaires pour son entiere execution, sans demander autre permission, nonobstant oppositions ou appellations quelconques, faites ou à faire, dont si aucunes interuiennent, Nous en retenons la connoissance en nostredit Conseil, icelle interdisons à toutes nos Cours & autres Iuges. Et sera adiousté foy comme aux originaux, aux copies dudit Arrest & des presentes collationnées par l'vn de nos amez & feaux Conseillers & Secretaires: CAR tel est nostre plaisir. DONNE' à Paris le 20. iour de Mars, l'an de grace 1636. Et de nostre regne le vingt-sixiesme. Signé, Par le Roy en son Conseil, BORDIER. Et seellé sur simple queuë du grand Seau de cire jaune.

Extraict des Registres du Conseil d'Estat.

LE Roy s'estant fait representer son Edict du mois de Iuin 1635. portant creation des Offices de ses Procureurs & Greffiers des Villes & Communautez du ressort de ses Parlement & Chambre des Comptes de Paris, voulant faciliter l'execution d'iceluy, & leuer les difficultez qui pourroient naistre en l'explication des exemptions de Taille, tutelle, curatelle & autres charges publiques, attribuées aufdits Procureurs & Greffiers: SA MAIESTÉ en son Conseil, a declaré & declare auoir entendu que sesdits Procureurs & Greffiers desdites Villes & Communautez dudit ressort, iouïront non seulement desdites exēptions de Taille, tutelle, curatelle, & autres charges publiques: Mais aussi que sous le mot de charge publique, sont cōpris les logemens de gens de guerre. Faisant sa Majesté defenses aux Asseeurs des Parroisses de la demeure des pourueus desdits Offices de Procureurs du Roy & Greffiers desdites Villes & Communautez desdits ressorts, ou de ceux qui seront commis à l'exercice desdites Charges, en execution de l'Arrest de son Conseil d'Estat du 20. Mars dernier, de les comprendre aux rolles des Tailles, Taillon & autres impositiōs, à peine de cinq cens liures d'amende, & de demeurer responsables de leurs taxes en leurs propres & priuez noms: Et aux Collecteurs desdites Paroisses de les y contraindre, sur les mesmes peines, & d'estre contraints solidairement comme pour deniers royaux, en vertu du present Arrest, à la restitution desd impositions, & de tous despens, dommages & interests. Ordonne sa Majesté, Que toutes sortes de persōnes, soit Officiers ou autres, pourront tenir & se faire pouruoir desd. offices sans incōpatibilité, &

sans que lesdites Villes, Communautez ou autres, puissent estre receus à rembourser les pourueus desdits Offices sous offre de remboursement, ou autre pretexte. FAICT au Conseil d'Estat du Roy, tenu à Ruel le vingt-septiesme iour de Septembre mil six cens trente six. Signé, CORDIER.

LOVIS par la grace de Dieu Roy de France & de Nauarre, à nostre Huissier ou Sergent premier sur ce requis. NOVS te mandons & commandons, que l'Arrest dont l'Extraict est cy-attaché sous le contre-seel de nostre Chancellerie, ce iourd'huy donné en nostre Conseil d'Estat, pour raison des exemptions accordées à nos Procureurs, & aux Greffiers des Villes & Communautez, Tu signifies aux Asseeurs & Collecteurs des Paroisses de la demeure de nosdits Procureurs & Greffiers, ou commis à l'exercice desdites Charges, à ce qu'ils n'en pretendent cause d'ignorance: Et leur faits les defenses portées par iceluy, sur les peines y contenuës, ensemble tous autres actes & exploicts requis & necessaires pour son entiere execution, sans demander autre congé ne permission. Et sera adiousté foy comme aux originaux, aux copies dudit Arrest & des presentes collationnées par l'vn de nos amez & feaux Conſeillers & Secretaires. CAR tel eſt noſtre plaiſir. DONNÉ à Roye le 27. iour de Septembre, l'an de grace 1636. Et de noſtre regne le vingt-ſeptieſme. Signé, Par le Roy en ſon Conſeil, BORDIER. Et ſeellé du grand Seau de cire jaune.

Collationné aux originaux par moy Conſeiller ſecretaire du Roy, & de ſes Finances.

www.ingramcontent.com/pod-product-compliance
Lightning Source LLC
LaVergne TN
LVHW010021230826
846092LV00002B/932
9782329609157